Anja Klein, Andreas Lauermann

BLÜTEN-GENUSS FÜR TAFEL UND TELLER

Rezepte und Deko-Ideen mit Blüten aus meinem Garten

BLOOM's

VORWORT

Mein Garten ist wild und bunt. Gartengäste werden von einem niedrigen, üppig blühenden Rosenbeet begrüßt, bevor sie durch einen Rosenbogen den Garten betreten. Im vorderen Gartenteil wachsen jede Menge Blumen, Gräser und Stauden in einer farbenfrohen Mischung. Rechts vom Eingang kringelt sich eine Kräuterschnecke aus Natursteinen. Ein großer Birnbaum breitet seine Zweige über einem kleinen Sitzplatz aus und ein verwunschenes selbst gebautes Gewächshaus aus alten Fachwerkfenstern schmiegt sich an die Gartenlaube.

Zum hinteren Teil gelangt man durch eine gezähmte Brombeerhecke. Unter dem Blätterdach eines alten Apfelbaums sitzt man ganz wunderbar mit freiem Blick auf den Gemüsegarten und die Bienen. Hier wächst das Gemüse schön ordentlich in Reih und Glied in Hochbeeten, aber auch im Gemüsegarten mogeln sich immer wieder ein paar bunte Blüten dazwischen. Vor den Bienenkästen wächst sogar eine ganze Blumenwiese.

Die Bienen freuen sich über die Blütenpracht und ich mich auch. Denn die bunten Blüten sehen nicht nur im Beet hübsch aus. Viele davon kann man auch essen. Sie bringen Farbe auf den Teller und einige auch ganz neue Aromen. Bei meinen Rundgängen durch den Garten stecke ich mir gerne die eine oder andere Blüte in den Mund und wenn sie mir schmeckt, kommt ein Strauß davon mit in den Erntekorb. Auf dem Heimweg überlege ich mir dann ein passendes Gericht dafür. Und weil ich meistens viel zu viele Blüten gepflückt habe (ich gerate beim Blumen pflücken leicht in einen Rausch), denke ich mir gleich auch noch die passende Tischdekoration dazu aus. Also ich finde, an einem schön geschmückten Tisch schmeckt das Essen noch einmal so gut. Und wenn die Tischdekoration zur Essensdekoration passt, ist das ein Fall von: „Das Auge isst mit für Fortgeschrittene". Aber keine Sorge, meine Rezepte und Dekorationsideen sind leicht umzusetzen. Ich koche und dekoriere zwar gerne, aber noch lieber sitze ich mit lieben Menschen an einem Tisch und genieße das Essen.

Viele der Zutaten für die Rezepte aus diesem Buch wachsen in meinem Garten. Aus dem Gemüsebeet direkt auf den Teller. So mag ich es am liebsten. Ich weiß einfach gerne wo und wie etwas gewachsen ist, bevor ich es in meinen Mund stecke. Das gilt natürlich auch für die Blüten. Das Sortiment an essbaren Blüten in gut sortierten Supermärkten wird zwar immer größer, aber essbare Blüten lassen sich so leicht selbst ziehen. Das ist deutlich günstiger und macht viel mehr Spaß. Außerdem haben Sie dann genügend Blumen für die Tischdekoration übrig. Probieren Sie es unbedingt aus. Auch wenn Sie keinen eigenen Garten haben. Viele der Blüten, die ich in diesem Buch verwendet habe, wachsen auch auf dem Balkon, der Fensterbank oder im Blumentopf.

Noch mehr Informationen zum Anbau von Blumen (und Gemüse) finden Sie übrigens auf meinem Blog unter www.der-kleine-horror-garten.de oder auf meinem Instagram-Account. Hier poste ich auch gerne Bilder von nachgekochten oder selbst kreierten Gerichten und Dekorationen.

Blumige Grüße
Ihre Anja Klein

INHALT

KAMELIE

GARTEN TIPP

KAMELIEN IM GARTEN

Tipp:
Kaufen Sie winterharte Pflanzen, die mindestens vier bis fünf Jahre alt sind. Jüngere Kamelien pflanzt man besser zunächst in einen Kübel und überwintert sie frostfrei.

Etwa drei Minuten von meinem Büro entfernt, steht ein schöner Altbau mit einer großen Kamelie davor. Bei gutem Wetter verwandelt sich der Strauch bereits im Februar in ein einziges Blütenmeer. Hunderte roter Kamelienblüten öffnen sich über einen Zeitraum von mehreren Wochen. Ich staune jeden Tag, wenn ich daran vorbeikomme. Kamelien gelten eigentlich als empfindlich und schwer zu pflegen. Meist werden sie in Kübeln gehalten und frostfrei überwintert. Aber die rote Kamelie beweist, zumindest in Köln kann man Kamelien auch direkt in den Garten pflanzen. Allerdings muss man sich schon ein paar Gedanken zum richtigen Standort machen und unbedingt eine winterharte Kamelien-Sorte auswählen. Die Kamelie bevorzugt einen windgeschützten Standort, gerne mit einer wärmespeichernden Wand im Rücken. Zuviel Sonne am Morgen bekommt ihr im Winter nicht gut. Die Mittagssonne im Sommer mag sie auch nicht und ganz ohne Sonne bildet sie keine Blüten. Gar nicht so einfach, einen passenden halbschattigen Platz zu finden. Aber wenn der mal gefunden ist, kann sie dort sehr alt und von Jahr zu Jahr immer schöner werden.

Oskar
Lisa

Markus

REZEPT

MAKI MIT KAMELIENBLÜTEN

Zutaten für 4 Portionen:

Sushi:

250 g Sushi Reis
3 EL Sushi-Essig
6 Nori-Algenblätter
1 Kamelienblüte
1 Avocado
1 Gurke
Wasabipaste
Ingwer
Sojasoße

Außerdem:

Sushi-Matte oder Sushi-Form
(gibt es in Asialäden)

Zubereitung:

1. Reis mit kaltem Wasser spülen, bis das ablaufende Wasser klar ist. Mit der doppelten Menge Wasser in einen Topf geben und zum Kochen bringen. Zwei Minuten ohne Deckel kochen lassen, dann zugedeckt ca. 20 Minuten auf der ausgeschalteten Herdplatte quellen lassen. Den Sushi-Reis in eine Schüssel geben, mit dem Sushi-Essig würzen und vollständig auskühlen lassen.

2. Während der Reis auskühlt, die Füllungen vorbereiten. Dazu die Blütenblätter der Kamelien abzupfen, Gurke und Avocado in schmale Streifen schneiden.

3. Auf eine Sushi-Matte ein Algenblatt mit der glatten Seite nach unten legen. Der Rand des Blattes sollte mit der Matte an der Dir zugewandten Seite abschließen. Eine Handvoll Reis gleichmäßig auf dem Algenblatt verteilen. Vorne und hinten je 0,5 Zentimeter freilassen.

4. Reis mittig mit einer kleinen Menge Wasabi bestreichen, Kamelienblätter und einen schmalen Streifen Avocado oder Gurke darüberlegen.

5. Zum Rollen die Matte an der Dir zugewandten Seite mit beiden Händen anheben und nach vorn zurollen. Dabei kräftig mit den Händen zusammenpressen. Sollte die Rolle nicht richtig zukleben, auf die freien Stellen des Algenblattes etwas Wasser auftragen.

6. Die fertige Rolle in 6 bis 8 gleichmäßige Röllchen schneiden. Sushi zusammen mit Wasabi, Sojasoße und eingelegtem Ingwer servieren.

KAMELIEN-TEMPURA

Tempura werden in Japan gerne als Beilage oder Topping zu einer Schüssel Reis oder Nudeln serviert.

Zutaten für 4 Portionen:

Tempura:

4 Kamelienblüten
800 g gemischtes Gemüse (Möhren, Brokkoli, Zwiebeln)
450 ml eiskaltes Wasser
200 g Mehl
1 Eigelb
1 l Sonnenblumenöl

Dip:

2 EL Sake
2 EL Sojsoße
2 EL Zucker
2 EL Wasser
1 EL geschälter Sesamsamen

Zubereitung:

1. Für die Tempura Kamelienblüten ausschütteln. Gemüse je nach Sorte waschen, putzen und in dünne Scheiben oder Stifte schneiden.
2. Eiswasser in eine Schüssel geben. Das Mehl hineinsieben und gut vermischen. Ei untermischen.
3. Backofen auf 75 °C erhitzen. Platte zum Warmhalten hineinstellen.
4. In der Fritteuse oder einem schweren Topf das Sonnenblumenöl auf 190 °C erhitzen. Das Öl hat die richtige Temperatur, wenn an einem hinein gehaltenen Kochlöffel aus Holz kleine Bläschen aufsteigen.
5. Jeweils eine Portion Gemüse in den Teig geben. Im heißen Öl etwa 1 bis 2 Minuten frittieren. Auf etwas Küchenpapier abtropfen lassen und warm stellen. Kamelienblüten einzeln mithilfe von Schaschlikspießen frittieren.
6. Für den Dip alle Zutaten gut vermischen. Gemüse und Kamelienblüten zusammen mit dem Dip servieren.

REZEPT

SÜSSE NIGIRI MIT MANGO UND KOKOS-KLEBEREIS

Zutaten für 4 Portionen:

Nigiri:
100 g Klebereis
100 ml Kokosmilch (60 % Fett)
1 Prise Salz
2 EL Zucker
1 Mango
1 Kamelienblüte

Kokossoße:
1 EL Speisestärke
100 ml Kokosmilch (60 % Fett)
1 Prise Salz
2 EL Zucker

Zubereitung:

1. Klebreis über Nacht etwa 12 Stunden in kaltem Wasser einweichen. Danach in einem Sieb gut abtropfen lassen.

2. Klebreis mit Kokosmilch, Salz und Zucker in einen Topf geben und so viel Wasser dazugeben, dass der Wasserspiegel etwa 1 cm über dem Reis steht. Zum Kochen bringen und Reis zugedeckt bei schwacher Hitze etwa 20 Minuten garen, die Flüssigkeit soll dabei vollständig vom Reis aufgesogen werden. Reis bei geöffnetem Deckel auskühlen lassen.

3. Inzwischen die Mango schälen und in ca. 2 mal 5 Zentimeter große Stücke schneiden. Kamelienblätter von der Blüte zupfen.

4. Für die Kokossoße Speisestärke in einem kleinen Topf mit der Kokosmilch vermischen und salzen. Die Mischung unter kräftigem Rühren bei mittlerer Temperatur vorsichtig erhitzen. Sobald die Crème eindickt, Zucker einrühren und sofort vom Herd nehmen. Abkühlen lassen, dabei immer wieder umrühren, damit sich keine Haut bildet.

5. Reis zu Nigiris formen. Mit einem Stück Mango und einem Blütenblatt belegen. Zusammen mit der Kokossoße servieren.

DIE KAMELIENDAME LÄDT EIN ZUM ASIATISCHEN 3-GÄNGE-MENÜ.

DEKO IDEE

DEKO IDEE

TISCHDEKO FÜR DEN ASIATISCHEN ABEND

Die Deko für den asiatischen Abend habe ich direkt mit den Zutaten zusammen im Asia-Markt gekauft. Rollmatten für Sushi eignen sich wunderbar als Tischuntersetzer und sie kosten nur ein bis zwei Euro das Stück. Die Tempura werden in klassischen To-Go-Boxen aus Papier serviert. Auch sie gibt es günstig im Asia-Laden. Bei den Stäbchen lohnt es sich, etwas hochwertigere Modelle zu kaufen. Sie liegen einfach besser in der Hand und man kann sie spülen und wieder verwenden.

Für die Blumendekoration habe ich tief in den Küchenschrank geblickt und mein ganzes Teeschalen-Sammelsurium rausgekramt. Einzeln in Teeschalen verteilt, wirken die zarten Kamelienblüten am besten.

Neben den Blüten sind auch die Blätter der Kamelien gut für die Tischdeko geeignet. Sie sind stabil und bleiben durch ihre Form ganz von alleine stehen. Ich habe sie mit einem weißen Flüssigkreidestift bemalt und beschriftet. Die Kreide aus dem Stift lässt sich gut auftragen, sie trocknet schnell und färbt nicht ab. Man kann die Kamelienblätter auch gut einen Tag vor dem asiatischen Abend verzieren. Sie welken nicht und sehen lange gut aus.

Tipp:
Darf es ein bisschen glamouröser sein? Mit einem Gold- oder Silberstift bemalt, verwende ich die Kamelienblätter auch gerne als Geschenkanhänger. Macht wenig Aufwand und viel her.

Kathie

HORN VEILCHEN

GARTEN TIPP

HORNVEILCHEN IM GARTEN

Die kleine Schwester des Stiefmütterchens macht sich gut in naturnahen Gärten. Die zweijährige Pflanze sät sich dort, wo es ihr gefällt, selbst aus. An den verzweigten Stielen erscheinen fast die ganze Saison hindurch immer wieder neue Blüten.

Hauptblüte ist im März, im Herbst blühen sie ein zweites Mal. Die Pflanzen wachsen buschig, bilden keine Ausläufer und erreichen eine Wuchshöhe von 15 bis 20 Zentimeter. Ich nutze sie gerne zum Unterpflanzen von Farnen. Gemischt, mit den ebenfalls sich selbst aussäenden Vergissmeinnicht, wirken sie sehr natürlich. Hornveilchen gedeihen im Halbschatten und in der Sonne. Je kleiner die Blüten sind, desto mehr Wildveilchen ist in der Sorte enthalten und desto langlebiger und winterhärter ist die Pflanze.

Tipp:
Alle Hornveilchen sind essbar. Sie haben keinen ausgeprägten Eigengeschmack und dienen eher dekorativen Zwecken. Das machen sie aber wirklich gut. Wählen Sie duftende Sorten, dann freut sich neben dem Auge auch noch die Nase.

REZEPT

ZITRONENTARTE

Zutaten für eine große (Ø 26 cm) oder zwei kleine (Ø 15 cm) Tartes:

Teig:
200 g Mehl
100 g Butter
1 Prise Salz
2 EL Zucker
150 ml Wasser

Zitronencrème:
3–4 Bio-Zitronen
3 Eigelb
3 Eier
180 g Zucker
185 g Butter

Außerdem:
Tarteform
Butter zum Ausfetten
Backpapier
Bohnen oder Linsen zum Blindbacken
Flüssigkeitsthermometer

Zubereitung:

1. Backofen auf 170 °C Umluft vorheizen. Für den Teig Mehl, Butter, Salz und Zucker vermischen und zu kleinen Krümeln verkneten. Soviel Wasser unterkneten bis ein homogener Teig entsteht.

2. Tarteform ausbuttern. Teig auf bemehlter Arbeitsfläche ausrollen und in die Tarteform legen. Boden mit einer Gabel mehrfach einstechen. Mit Backpapier belegen. Linsen oder Bohnen zum Blindbacken darauf verteilen (siehe Tipp). Im Backofen in ca. 25 bis 30 Minuten goldbraun backen. Backpapier entfernen. Teig in der Form auskühlen lassen.

3. Inzwischen für die Zitronencreme Zitronen heiß abwaschen, trocken reiben, Schale von 1 bis 2 Zitronen abreiben. Alle Zitronen halbieren und auspressen. 180 ml Zitronensaft und 2 EL Zitronenschale abmessen.

4. Eigelb, Eier und Zucker in einem Topf mit den Quirlen des Handrührers schaumig schlagen. Zitronensaft zugeben und bei mittlerer Temperatur unter ständigem Rühren auf maximal 82 °C erhitzen. Bitte nicht heißer werden, sonst gibt's Rührei statt Zitronencrème. Die Temperaturen am besten mit einem Flüssigkeitsthermometer während des Rührens überprüfen.

5. Wenn die Masse stockt, vom Herd nehmen, auf 50 °C abkühlen lassen. Währenddessen Butter würfeln und unter die abgekühlte Masse rühren.

6. Zitronencrème auf den Tarteboden geben ca. 2 bis 3 Stunden kühlen, die Crème wird dann schnittfest, bleibt aber seidig zart. Kurz vor dem Servieren mit Hornveilchenblüten belegen.

Tipp:
Alternativ zum Blindbacken kann der Teig in der Form auch für ca. 15 Minuten in den Tiefkühler gestellt werden. So vorbereitet, kann er direkt gebacken werden. Die Backzeit verlängert sich eventuell um ein paar Minuten. Entscheidend ist die goldbraune Farbe.

REZEPT

KLEINE VEILCHEN-PAVLOVAS

Zutaten für 8 Törtchen:

Kandierte Veilchen:
2 TL Eiweiß
Hornveilchenblüten
feiner Zucker

Pavlovas:
3 Eiweiß
Salz
140 g Zucker
1 TL Speisestärke
1 TL Essig

Füllung:
250 g Mascarpone
250 g Sahnejoghurt
25 g Puderzucker
2 EL Zitronensaft

Außerdem:
Pinsel
Backpapier

Aus dem vorherigen Rezept bleiben drei Eiweiß übrig. Ich verarbeite sie gerne zu kleinen Pavlovas und fülle sie mit einer Mascarponecrème. Mit kandierten Hornveilchen dekoriert, ein Fest für Augen und Zunge.

Zubereitung:

1. Für die kandierten Veilchen Eiweiß kurz anschlagen. Blüten ausschütteln und von beiden Seiten dünn mit Eiweiß bestreichen. Mit Zucker bestreuen und auf Backpapier trocknen lassen.

2. Für die Pavlovas Backofen auf 140 °C (Umluft) vorheizen. Eiweiß mit einer Prise Salz steif schlagen. Zucker und Stärke mischen und in den Eischnee einrieseln lassen. Solange weiter schlagen bis die Masse Spitzen bildet. Essig unterrühren. Backblech mit Backpapier belegen. Eiweißmasse mit einem Löffel in acht Häufchen auf dem Papier verteilen. Eine Mulde in die Mitte drücken.

   Backofentemperatur auf 100 °C reduzieren. Pavlovas ca. 75 bis 90 Minuten auf der mittleren Schiene backen. Im Ofen auskühlen lassen.

3. Für die Füllung Mascarpone, Joghurt, Puderzucker und Zitronensaft mit den Quirlen des Handrührers glatt rühren. In die Pavlovas füllen. Mit kandierten Veilchen dekorieren und sofort servieren.

TEA FOR TWO, OR THREE OR FOUR
WENN DAS LEBEN DIR ZITRONEN GIBT, DEKORIERE SIE MIT VEILCHEN. DANN NOCH EIN, ZWEI, DREI GUTE FREUNDE EINLADEN. FERTIG IST DAS FRÜHLINGS-TEEKRÄNZCHEN IM GARTEN.

DEKO IDEE

DEKO IDEE

TISCHDEKO MIT HORNVEILCHEN

Die Tischdeko für die Teetafel ist super einfach. Sie braucht nur ein wenig Vorbereitung. Das Teetassen-Sammelsurium stammt aus dem Trödelladen unseres Vertrauens. Einzelne Tassen und Saucieren sind dort für ein paar Euro zu haben. Wir haben nicht mal zwei Euro pro Stück bezahlt. Auch auf Flohmärkten findet man oft richtige Schätzchen. Ich kaufe sie, wann immer ich ein schönes Teil finde. Mit Blumen oder Süßigkeiten gefüllt, wird daraus ein kleines, schnelles und individuelles Mitbringsel für die nächste Einladung.

Kleine Hornveilchen gibt es im Frühling sehr günstig im Gartencenter zu kaufen. Für die Tassen wirklich die kleinste Topfgröße nehmen. Die passen dann ohne zusätzliche Erde gut in die Teetassen rein. Die Hornveilchen halten sich erstaunlich lange in den Tassen, solange die Erde mäßig feucht gehalten wird.

TULPE

GARTEN TIPP

TULPEN IM GARTEN

In den letzten Jahren habe ich in unserem Garten einige hundert Tulpenzwiebeln vergraben. Eigentlich gibt es kaum eine Stelle, außerhalb der Gemüsebeete, an der man nicht auf Tulpenzwiebeln stößt, wenn man ein bisschen in der Erde gräbt. Trotzdem robbe ich jeden Herbst aufs Neue auf meinem bunten Kniekissen durch den Garten, auf der Suche nach einem freien Plätzchen für die neu erstandenen Tulpen-, Narzissen- und Zierlauchzwiebeln. Das Tulpenmeer im Frühjahr kann für meinen Geschmack nicht üppig genug sein. Dank der Wühlmausplage, die nun schon seit einiger Zeit durch meinen Garten tobt, habe ich in diesem Herbst ziemlich viele freie Plätze für Tulpen zu vergeben. Dabei muss ich zur Entlastung der grässlichen Wühler vorbringen, dass sie eine perfekt gelockerte Erde hinterlassen. Nur leider halt ohne Tulpenzwiebeln. „Work hard – Party hard" scheint ihre Devise zu sein. Aber die Erfahrung zeigt, dass sie um Narzissen (immer), Zierlauch (meistens) und so wie es aussieht auch um Wildtulpen einen großen Bogen machen.

GARTEN TIPP

KLEINE ANLEITUNG ZUM TULPEN PFLANZEN:

- Optimale Pflanzzeit ist im Herbst, ab September/Oktober, solange der Boden nicht gefroren ist, kann gepflanzt werden.

- Ich benutze zum Tulpenpflanzen gerne mein Allzweck-Gartenmesser, es ist stabil, super zum Graben geeignet und es hat eine Zentimeter-Skala, damit lässt sich die Pflanztiefe der Tulpenzwiebeln perfekt bestimmen.

- Für die Pflanztiefe wende ich eine einfache Regel an, ich pflanze doppelt so tief wie die Tulpenzwiebel groß ist, die meisten Tulpenzwiebeln bringen es auf fünf Zentimeter und werden demnach zehn Zentimeter tief gepflanzt.

- Der Rest ist einfach, Erde gründlich lockern (haben bei mir die Wühlmäuse erledigt), zehn Zentimeter tiefes Loch stechen, Tulpenzwiebel rein stecken, Loch mit Erde verschließen, fertig, angießen muss man Tulpenzwiebeln nicht.

- Damit die Tulpenpflanzung natürlich wirkt, werfe ich die Tulpenzwiebeln einfach locker auf das Beet und vergrabe sie dort, wo sie landen.

- Bei Frühlingsblühern gilt bei mir die Devise: Viel hilft viel. Auf einem ca. 3 mal 3 Meter großen Gartenstück habe ich in den letzten Jahren 300 bis 400 Tulpen, 100 Narzissen und 50 Zierlauchzwiebeln vergraben.

- Dabei beschränke ich mich auf wenige Sorten und Farben, bei mir überwiegen weiße Tulpen (mit 2/3) gefolgt von zwei Sorten rosa Tulpen (1/3) und ein paar eingestreuten schwarzen Tulpen. Die Narzissen (auch weiß) kommen bei mir erst spät und blühen zusammen mit dem lilafarbenen Lauch.

- Wildtulpen blühen sehr früh, ich habe für sie ein eigenes Beet reserviert, mit Federgras kombiniert, sind sie ein zauberhafter Blickfang im März und April.

Zum Schluss noch ein Tipp für Wühlmausgeschädigte: Besonders teure Zwiebeln, wie die von großen Zierlauchsorten oder meine wunderschönen *Frittilaria persica* schütze ich mit einem selbst gebauten Körbchen aus Hasendraht. Wenn der Draht ein wenig aus der Erde rausschaut, lassen sich die Zwiebeln am Ende der Saison ganz einfach aus der Erde nehmen.

VERONICA DIE TULPEN BLÜH'N

WAS HABEN TULPEN UND SPARGEL GEMEINSAM?
SIE LÄUTEN DEN FRÜHLING EIN.
IM GARTEN, IN DER VASE UND AUF DEM TELLER.

REZEPT

SPARGEL-GRISSINI MIT TULPEN-HOLLANDAISE

Zutaten für 4 Portionen:

Spargel-Grissini:
1,5 kg grüner Spargel *(dünne Stangen)*
300 g fetter Speck *(dünn geschnitten)*
2 EL Olivenöl

Tulpen-Hollandaise:
1 Bio-Orange
3 Tulpenblüten *(nur die Blätter)*
4 EL Weißwein
1 EL Weißweinessig
6 weiße Pfefferkörner
1 Lorbeerblatt
4 Eigelb
250 g Butter
Chilipulver
frisch gepresster Zitronensaft
Salz

Außerdem:
Tulpenblüten für die Deko
Backpapier

In der Spargelzeit kommt bei uns so oft wie möglich Spargel in allen Varianten auf den Tisch. Besonders beliebt sind die knusprigen Spargel-Grissini. Sie werden bequem im Ofen gegart. Zusammen mit der fruchtigen Tulpen-Hollandaise einfach nur lecker.

Zubereitung:

1. Für die Spargel-Grissini Spargel waschen, schälen und holzige Enden abschneiden. Spargelstangen mit Olivenöl einreiben. Jede Stange mit einer Scheibe Speck umwickeln. Backofen auf 220 °C vorheizen. Spargel darin auf Backpapier in ca. 10 bis 15 Minutengoldbraun und knusprig garen.

2. Währenddessen für die Tulpen-Hollandaise Orange heiß waschen, abtrocknen, Saft auspressen. Tulpenblätter in feine Streifen schneiden. Butter schmelzen und leicht abkühlen lassen.

3. Wein und Essig in ein Töpfchen geben. Den Pfeffer grob zerdrücken und mit dem Lorbeer dazugeben. Bei großer Hitze offen auf ca. ein Drittel einkochen lassen, durch ein feines Sieb in eine Metallrührschüssel gießen.

4. Die Schüssel so in einen Topf mit Wasser hängen, dass sie das Wasser nicht berührt. Eigelbe unterrühren und alles mit dem Schneebesen bei langsam ansteigender Hitze in 8 bis 12 Minuten dick-cremig aufschlagen, nicht zu heiß werden lassen, sonst stockt das Eigelb.

5. Die Schüssel vom Wasserbad nehmen. Die flüssige, leicht abgekühlte Butter erst tröpfchenweise, dann in dünnem Strahl kräftig mit dem Schneebesen unter die Eiercrème schlagen. Die Soße mit Salz und 1 Prise Chilipulver abschmecken, Tulpenblüten, 3 bis 5 EL Orangensaft und 1 Spritzer Zitronensaft gründlich unterrühren.

6. Spargel aus dem Ofen nehmen, mit den Tulpenblüten garnieren und mit der Hollandaise zusammen servieren.

REZEPT

NICECREAM IM TULPENBECHER

Ein Nachtisch ganz nach meinem Geschmack. Erregt viel Aufmerksamkeit und macht wenig Arbeit. Ich verwende dafür gefüllte Tulpen, dann hält der Becher länger dicht.

Zutaten für 4 Portionen:

400 g geschälte Bananen
4 EL Kokosmark
1 EL Honig
4 Tulpenblüten

Zubereitung:

1. Bananen in Scheiben schneiden, luftdicht in eine Tüte verpacken, ein paar Stunden oder am besten gleich über Nacht einfrieren.

2. Bananen aus dem Tiefkühler nehmen. Zusammen mit Kokosmark und Honig pürieren.

3. Die Staubgefäße mit einer kleinen Schere aus den Tulpenblüten entfernen, Stiel abschneiden. Blütenblätter etwas auseinander drücken, Nicecream einfüllen. Am besten direkt verzehren. Die gefüllten Tulpenbecher lassen sich aber auch kurz im Tiefkühler aufbewahren.

Tipp:
Je reifer die Bananen sind, desto cremiger wird die Nicecream. Eine super Verwendungsmöglichkeit für überreife Bananen. Das fertige Eis hat eine ähnliche Konsistenz wie Softeis, schmeckt mindestens genauso gut und ist viel gesünder.

DEKO IDEE

TISCHDEKO MIT TULPEN

Tipp:
Die Variante mit Spitzendeckchen (das sind übrigens einfache Glasuntersetzer aus dem Supermarkt) und schwarzer Kordel wirkt ein wenig verspielt.

Für die Tischdeko habe ich leere Marmeladengläser und kleine Getränke- und Essigflaschen gesammelt. Die sind oft viel zu schade zum Wegwerfen. Mit verschiedenfarbiger Kordel umwickelt, werden daraus hübsche und sehr preiswerte Väschen.

In den eher einfachen Gefäßen kommt die Schönheit der Tulpenblüten besonders gut zur Geltung. Überhaupt wirken einzelne Blütenstiele auf Tafeln oft viel besser als ein großer kompakter Strauß, der nur die Sicht auf den Tischnachbarn wegnimmt.

Die Gläser und Flaschen lassen sich mit verschiedenen Materialien ohne viel Aufwand immer wieder anders gestalten. Mit breiten Filz- oder Jutebändern umwickelt, wirken sie weniger transparent und ein wenig schwerer.

DEKO IDEE

Für literarisch interessierte Gäste habe ich die Gläser mit alten Buchseiten umwickelt und lasse sie anhand der Texte raten aus welchem Buch die Seiten stammen. Die Herzen habe ich mit einer Schere herausgeschnitten.

Es gibt aber auch Stanzstempel zu kaufen, damit geht es noch einfacher. Alte vergilbte Bücher findet man oft umsonst in öffentlich zugänglichen Bücherschränken.

TISCHDEKO MIT TULPEN

MAGNOLIE

GARTEN TIPP

MAGNOLIEN IM GARTEN

In meinem Nachbargarten, direkt am Zaun, steht eine wunderschöne Tulpenmagnolie. Ihre purpurfarbenen Blüten ragen im Frühling bis in meinen Garten hinein. Der ganze Baum sieht dann aus wie ein riesengroßer Blumenstrauß. Einfach nur schön.

Leider ist in meinem Garten kein Platz für einen großen Magnolienbaum. Höchstens eine kleine Sternmagnolie könnte ich noch in einem Kübel auf der Terrasse unterbringen. Die sehr aparten Sternmagnolien kann man sehr gut in große Kübel pflanzen. Am besten wählt man einen Kübel mit integriertem Bewässerungssystem. Magnolien trocknen nicht gerne aus.

Die großen Magnolien kommen am besten als Solitärpflanze zur Geltung. Junge Bäume aus der Baumschule sollten Sie im Frühjahr pflanzen, dann haben sie genügend Zeit, bis zum Winter gut einzuwurzeln. Kübelpflanzen benötigen im Winter einen Frostschutz.

Magnolien sind recht pflegeleicht. Sie bevorzugen einen humosen, lockeren Boden und wollen im Wurzelbereich nicht gestört werden. Der Standort sollte möglichst sonnig und wegen der frühen Blüte etwas geschützt sein. Auf regelmäßige Schnittmaßnahmen können Sie verzichten. Lassen Sie Ihre Magnolie einfach wachsen. Die natürliche Wuchsform ist am schönsten.

Tipp:
Bei großen Magnolienbäumen kann man mit den Jahren die unteren Äste entfernen und unter der schön geschwungenen Krone einen Sitzplatz einrichten.

REZEPT

Wildkräuter-Salat mit überbackenem Ziegenkäse und Magnolienessig

Zutaten für 6 Portionen:

Salat:
50 g Bärlauch
50 g Hopfensprossen
150 g Feldsalat
150 g Postelein
150 g gemischter Pflücksalat
150 g Rucola
4 Magnolienblüten
300 g Ziegenkäserolle
1 EL Honig

Vinaigrette:
1 Bund gemischte Kräuter (Petersilie, Schnittlauch, Kerbel)
3 EL Magnolienessig
1 TL Dijonsenf
1 TL Honig
Salz, Pfeffer
6 EL Olivenöl, kalt gepresst

Tipp:
Ich bereite die Vinaigrette gerne auf Vorrat zu. Dafür braucht man ein großes sauberes Marmeladenglas. Drei- bis vierfache Menge (je nach Glasgröße) Essig, Senf, Honig, Salz und Pfeffer einfüllen. Deckel verschließen und gut schütteln. Olivenöl zugeben und noch einmal gut schütteln. Die Kräuter weg lassen. Die Vinaigrette hält sich im Kühlschrank mehrere Wochen.

In Japan und China werden Magnolienblüten in Fett ausgebacken als Delikatesse serviert. Ich habe aus den purpurnen Blüten der Tulpenmagnolie einen farbintensiven und aromatisch duftenden Magnolienessig hergestellt.

Zubereitung:

1. Für den Salat Kräuter abbrausen, trocken schütteln und falls nötig große Blätter zerpflücken. Magnolienblüten ausschütteln und grüne Blattansätze entfernen. Ziegenkäserolle in ca. 2 Zentimeter dicke Scheiben schneiden.

2. Für die Vinaigrette Kräuter abbrauchen, trocken schütteln und grob hacken. Essig, Senf, Honig, Salz und Pfeffer gut miteinander verrühren. Olivenöl zugeben und mit dem Schneebesen unterschlagen. Kräuter zugeben.

3. Backofengrill anschalten. Ziegenkäse auf ein mit Backpapier belegtes Blech setzen und mit Honig beträufeln. Unter dem Grill in ca. 3 bis 5 Minuten überbacken.

4. Salat mit der Vinaigrette mischen und mit dem heißen Ziegenkäse und Magnolienblüten garniert servieren.

REZEPT

Zutaten für 500 ml:

8–10 große Magnolienblüten
500 ml Reisessig

MAGNOLIENESSIG HERSTELLEN

Zubereitung:

1. Blüten gründlich ausschütteln und die grünen Stielansätze entfernen. In ein sauberes Glas schichten und mit dem Essig übergießen.
2. Mit einem kleinen Tellerchen oder einem Schnapsglas beschweren, damit die Blüten vollständig mit Essig bedeckt sind. Gut verschließen und mindestens eine Woche bei Zimmertemperatur ziehen lassen.
3. Den fertigen Essig durch ein feines Mulltuch absieben, in eine saubere Flasche füllen und kühl und dunkel lagern.

TISCHDEKO FÜR DIE MAGNOLIENTAFEL

Magnolien verwandeln jeden Tisch direkt in eine festliche Tafel. Ihre grazilen Blüten schweben ein bisschen wie exotische Schmetterlinge über der Tischgesellschaft. Ich habe einzelne Zweige in Glasvasen mit unterschiedlicher Höhe arrangiert. Die Blüten beschreiben einen Bogen vom Anfang bis zum Ende der Tafel. Vom Tischende aus wirkt die Dekoration sehr üppig. Wenn man sitzt, kann man aber dennoch ohne Probleme sein Gegenüber sehen. Das kräftige Purpur der Blüten wirkt am besten, wenn man auf andere auffällige Farben verzichtet. Omas gute alte Teller mit Goldrand, goldenes Besteck und ein paar weiße Kerzen in Schnapsgläsern – schon ist die Magnolientafel perfekt.

Tipp:
Die holzigen Stiele mit einem Hammer ein bisschen platt klopfen, das vergrößert die Wasseraufnahmefläche und die Magnolien halten sich länger in der Vase.

STUDENTEN BLUME

GARTEN TIPP

STUDENTENBLUMEN IM GARTEN

Tipp:
Der gelbe Farbstoff in Studentenblumen ist übrigens gut für die Augen. Er wird für medizinische Anwendungen extrahiert. Ich finde alleine der Anblick ist schon eine Augenweide.

Studentenblumen kommen ursprünglich aus Mexiko. Sie haben es gerne warm und bevorzugen einen sonnigen Standort. Die Aussaat von Studentenblumen ist kinderleicht. Man kann die Lichtkeimer ab Februar in Aussaatschalen auf der Fensterbank vorziehen oder ab April direkt in den Garten säen. Einige Sorten sind bei Schnecken sehr begehrt. Hier hilft nur ein vernünftiger Schneckenschutz oder tägliches Absammeln. Sind die Pflanzen erst einmal groß genug, verlieren die Schnecken das Interesse an ihnen. Ich pflanze immer ein paar Studentenblumen in meine Gemüse-Hochbeete. Durch ihren intensiven Geruch halten sie weiße Fliegen von Kohl, Gurken und Tomaten fern.

REZEPT

Paletas mit Studentenblumen

Zutaten für 10 Paletas:

1 Handvoll
Studentenblumen-Blüten

Gurke-Limette:

300 g Gurke
1 Bund Minze
100 ml Limettensirup
25 g Zucker

Dattel-Honig:

50 g weißes Mandelmus
200 ml Wasser
6 Datteln
25 g Honig

Pflaume-Ahorn:

250 g Pflaumen
50 ml Ahornsirup
1 EL Zitronensaft

Außerdem:

10er Silikonform für Eis am Stiel

Wie die Studentenblume selbst, kommen auch die Paletas – selbst gemachtes Eis am Stiel – aus Mexiko. Dort gibt es sie an jeder Ecke. Alles was man dafür braucht sind leckere Früchte und ein bisschen Zucker.

Zubereitung:

1. Studentenblumen-Blüten ausschütteln, Blütenblätter abzupfen.
2. Für die Gurken-Paletas Gurken waschen, halbieren, Kerne entfernen und in grobe Stücke schneiden. Minze abbrausen, trocken schütteln und Blätter abzupfen. Alle Zutaten in einen Mixer geben und pürieren. Ein Drittel der Blütenblätter untermischen.
   - Für die Dattel-Paletas alle Zutaten in einen Mixer geben und fein pürieren. Ein Drittel der Blütenblätter untermischen.
   - Für die Pflaumen-Paletas Pflaumen waschen und entsteinen. Alle Zutaten in einen Mixer geben und fein pürieren. Restliche Blütenblätter untermischen.
3. Das Fruchtpüree in die Silikonform einfüllen. Die Masse ergibt vier Gurken- und jeweils drei Dattel- und Pflaumen-Paletas.
4. Eisform mindestens vier Stunden oder über Nacht in den Tiefkühler stellen. Zum Entnehmen kurz antauen lassen.
5. Zum Servieren eine Zinkwanne mit zerstoßenen Eiswürfeln füllen. Darin schmelzen die Paletas auch bei höheren Temperaturen nicht sofort weg.

WENN ICH DIE ORANGENEN BLÜTEN DER STUDENTENBLUME SEHE, BEKOMME ICH SOFORT GUTE LAUNE. DIE FARBE ORANGE VERKÖRPERT LEBENSFREUDE, OPTIMISMUS UND VERGNÜGEN.

IN DER FARBLICHTTHERAPIE WIRD ORANGE SOGAR ALS ANTI-FALTENMITTEL EINGESETZT. EIN GRUND MEHR, DIE SCHÖNEN BLUMENKETTEN ZU BASTELN.

DEKO IDEE

DIY BLUMENKETTEN

Es macht richtig Spaß die, Studentenblumen zu Blumenketten aufzufädeln. Alles was man dafür braucht, ist ein stabiler, ausreichend langer Faden (dünnen Faden besser doppelt nehmen), eine große Nadel und jede Menge Studentenblumen. Bedienen Sie sich ruhig großzügig an Ihren Pflanzen. Je mehr Blüten Sie entfernen, desto mehr Blüten werden nachkommen. Es dauert meist nur ein paar Tage bis die kleinen Büsche wieder orange leuchten. Für die Blumenketten habe ich gewöhnliche Studentenblumen verwendet. Ihre Blüten sind größer und auffälliger, als die der zarten Gewürzstudentenblumen.

Die Blüten immer vom grünen Ende her auffädeln und etwas ineinander schieben. Wenn die Kette lang genug ist, verknoten – fertig ist der Blumenschmuck. Auf dünnen Draht aufgezogen, erhält man stabilere Kränze. Zum Schmücken von Schüsseln und Gläsern sind Drahtkränze besser geeignet. Wir haben neben dem Eisbehälter auch gleich uns selbst mit Blumenketten geschmückt. Die Blumenketten halten übrigens erstaunlich lange. Selbst zwei, drei Tage später sehen sie noch richtig gut aus.

ROSE

GARTEN TIPP

ROSEN IM GARTEN

Als ich meinen Schrebergarten übernommen habe, war er zum Weg hin von einer hohen Ligusterhecke umgeben. Ich habe sie zuerst eingekürzt, dann aber doch ganz entfernt und durch unkomplizierte Buschrosen ersetzt. Ich mag es gerne, wenn man in meinen Garten schauen kann. Die zufälligen Unterhaltungen über den Gartenzaun, das Fachsimpeln mit anderen Gärtnern, möchte ich nicht missen. Rückzugsräume gibt es im hinteren Gartenteil genug.

Die unermüdlichen Buschrosen blühen mehrmals im Jahr und ich kann immer genügend Zweige für die Vase schneiden. Die Sträucher sind mit kriechender Katzenminze unterpflanzt. Das hält den Boden unkrautfrei, die Erde bleibt locker und trocknet nicht so schnell aus. Zwei- bis dreimal im Jahr bekommen meine Rosen eine ordentliche Portion organischen Biodünger. Im Herbst dünge ich mit einem kaliumbetonten Biodünger, das verbessert die Winterhärte. Im Frühjahr, wenn die Forsythien blühen, schneide ich die Sträucher um etwa ein Drittel zurück. So bleiben sie schön kompakt.

REZEPT

NO-BAKE-CAKE MIT KANDIERTEN ROSENBLÜTEN

Zutaten für eine Springform Ø 26 cm:

Kuchenboden:
10 Datteln ohne Kern
150 g Mandeln
60 g Haselnüsse
60 g Sonnenblumenkerne
3 EL Kokosfett
1 Prise Meersalz

Füllung:
300 g rote Johannisbeeren
150 g Himbeeren
300 g Heidelbeeren
100 g Zucker
1 EL Limettensaft
150 ml Kokosmilch
1 EL Speisestärke
1 TL Agar-Agar

Dekoration:
8–10 kandierte Rosenblüten
3–5 kandierte Verbenenblätter
50 g Blaubeeren

Ein englisches Sprichwort sagt: „You can't eat the cake and have it." Das ist leider wahr und bei diesem Exemplar besonders schade. Die Torte ist wirklich fast zu schön zum Aufessen.

Zubereitung:

1. Für den Kuchenboden Datteln grob hacken. Mandeln, Haselnüsse und Sonnenblumenkerne in einer Pfanne ohne Öl goldbraun rösten. Die abgekühlten Nüsse und Kerne im Mixer hacken. Sie sollten nicht zu grob sein, damit die Masse gut hält, aber auch nicht zu Mehl gemahlen. Die Datteln, das Kokosöl und Salz hinzugeben und zu einer klebrigen Masse weiterverarbeiten. Wenn der Teig nicht hält, einfach nochmal kurz mit dem Mixer in die fertige Mischung gehen, bis sie ausreichend klebrig ist.

2. Springform ausfetten. Nussmischung einfüllen und mit einem großen Löffel fest in die Form drücken. Dabei soll ein etwa 2 Zentimeter hoher Rand entstehen. Die Form in den Kühlschrank oder in den Tiefkühler (geht schneller) stellen.

3. Für die Füllung die Beeren von den Stielen zupfen und fein pürieren. Anschließend durch ein Spitzsieb passieren. Die Kokosmilch zum Fruchtpüree geben und mit Zucker und Limettensaft abschmecken. Anschließend Speisestärke und Agar-Agar mit einem Schneebesen einrühren. Das Püree in einem Topf unter Rühren 2 bis 3 Minuten sprudelnd aufkochen lassen. Danach in eine Schüssel füllen und lauwarm abkühlen lassen. Dabei gelegentlich umrühren.

4. Die Füllung auf dem abgekühlten Kuchenboden verteilen und die Torte für mindestens 4 Stunden in den Kühlschrank stellen. Danach mit den restlichen Beeren garnieren.

BLÜTEN UND BLÄTTER KANDIEREN

Zutaten:

eine Handvoll einfache Rosenblüten
ein paar Verbenenblätter
1 Eiweiß
100 g feiner Zucker

Außerdem:

1 feiner Pinsel
Backpapier

Zubereitung:

1. Das Eiweiß in einer flachen Schale etwas anschlagen. Nur solange bis die Struktur etwas aufgebrochen und das Eiweiß etwas flüssiger ist.

2. Blüten ausschütteln. Ungefüllte Blüte sind besser geeignet als stark gefüllte Blüten.

3. Eiweiß möglichst mit dem Pinsel dünn auf die Blüten und Blätter auftragen. Beide Seiten müssen mit Eiweiß eingestrichen werden.

4. Blüten vorsichtig mit Zucker bestreuen, überflüssigen Zucker vorsichtig abschütteln, auf einem Stück Backpapier mehrere Stunden oder besser über Nacht trocknen lassen.

WARUM NICHT EINMAL ROSEN AUF
DEM SILBERTABLETT SERVIEREN?
SO HABEN SIE AUCH AUF LÖCHRIGEN
TISCHEN EINEN SICHEREN STAND.

DEKO IDEE

TISCHDEKO FÜR DEN ROSENTISCH

Mir gefallen die kleinen Buschröschen viel besser als die langstieligen Exemplare aus dem Blumenladen. Sie wirken so natürlich und verspielt. Für den Rosentisch habe ich sie in sehr kleinen Vasen und hübschen Gläsern arrangiert und auf einem Silbertablett zusammengefasst. So können sie auch auf dem Ornamenttisch mit den vielen Löchern gut und sicher stehen. Ein nettes Detail: Auf dem englischen Teegeschirr sind die gleichen Röschen zu sehen. Ich habe es beim Trödler für kleines Geld gefunden. Von dort stammt auch das Silbertablett. Es lohnt sich wirklich, ab und zu durch Trödelläden und über Flohmärkte zu streifen.

RINGEL BLUME

GARTEN TIPP

RINGELBLUMEN IM GARTEN

Ringelblumen sind ein Gewinn für jeden Garten. Ihre Blüten leuchten mit der Sonne um die Wette und ihre Wurzeln vertreiben lästige Fadenwürmer. Bei mir dürfen sie neben, in und zwischen den Gemüsebeeten überall da wachsen, wo sie mich nicht stören. Ich kann mich gar nicht mehr erinnern, wann und wie die erste Ringelblume in meinen Garten eingezogen ist. Sie waren, glaube ich, immer schon da. Ringelblumen stehen gerne sonnig. In schattigen Lagen bekommen sie leicht Mehltau und das ist dann kein schöner Anblick. Wenn es doch einmal passiert, einfach die befallenen Triebe abschneiden. Die Pflanzen erholen sich schnell und treiben neu aus.

Ich entferne im Sommer regelmäßig die verwelkten Blüten, das regt die Pflanzen zu neuer Blütenbildung an. Irgendwann lasse ich die Blüten stehen, damit der Samen ausreifen kann. Den verteile ich nach Lust und Laune in den Beeten und freu mich dabei auf die Blütenpracht im nächsten Jahr.

UNKOMPLIZIERTE BEGLEITER: FENCHEL UND BORRETSCH

Gewürzfenchel ist ähnlich unkompliziert in Anbau und Verbreitung. Auch er mag sonnige Standorte. Ursprünglich hatte ich eine kleine Fenchelpflanze aus dem Gartencenter in meine Kräuterspirale gepflanzt. Sie ist riesig groß geworden und ihr Nachwuchs ist in den Jahren darauf im ganzen Garten von alleine aufgetaucht. Inzwischen habe ich mir noch eine Sorte mit rotem Laub angeschafft. Bronzefenchel ist eine echte Zierde im Staudenbeet. Das frische Kraut mische ich gerne zusammen mit andern Kräutern unter Quark. Die Samen ernte ich und verwende sie zum Würzen und für Kräutertee. Die langen markhaltigen hohlen Stängel mit den Fenchelblüten dürfen über Winter stehen bleiben. Sie bieten zahlreichen Insekten Wohnraum und Nahrung.

Borretsch wächst bei mir, wie Ringelblume, zwischen den Gemüsepflanzen. Ich habe ihn einmal ausgesät, seitdem kommt er von alleine wieder. Hummeln und Bienen lieben die kleinen blauen Blüten. Ich ebenfalls. Sie schmecken ganz leicht nach Gurke und ich streue sie gerne über Salate oder aufs Butterbrot.

REZEPT

Bandnudeln mit Ringelblumen und Borretsch

Zutaten für 4 Portionen:

Nudeln:
500 g Weizenmehl (Type 405)
1 Prise Salz
4 Eier
3 EL Olivenöl
1 Handvoll Ringelblumen- und Borretschblüten

Soße:
250 g Dicke Bohnen (ohne Schoten)
2 Knoblauchzehen
1 Zweig Estragon
2–3 EL Olivenöl
Salz, Pfeffer
0,5–0,75 l Gemüsebrühe
200 g Ziegenkäserolle

Außerdem:
Nudelmaschine
Nudelholz

Die wunderschönen Bandnudeln mit Blütenfüllung sind nicht gerade schnell gemacht, aber ziemlich schnell gegessen, weil sie so unglaublich gut schmecken. Zusammen mit dem Ziegenkäse und den Dicken Bohnen ein echtes Dreamteam.

Zubereitung:

1. Für die Nudeln Mehl und Salz mischen. In eine Schüssel geben. Eier und Olivenöl mit den Knethaken des Handrührers einarbeiten. Wenn der Teig zu fest ist, ein wenig kaltes Wasser zugeben.
2. Mit den Händen auf einer bemehlten Arbeitsfläche weiterkneten bis ein homogener, elastischer Teil entstanden ist. Teigballen kreuzweise einritzen und in Folie eingewickelt eine halbe Stunde bei Zimmertemperatur ruhen lassen.
3. Blüten ausschütteln. Bei den Ringelblumen die Blütenblätter abzupfen. Beim Borretsch den grünen Blütenkelch entfernen.
4. Teig vierteln und in der Nudelmaschine jeweils zu einer dünnen Platte ausrollen. Blüten darauf verteilen. Platte in der Hälfte zusammen klappen und erneut ausrollen. Teig in ca. 1 Zentimeter breite Streifen schneiden. Auf einem Holzstiel zum Trocknen aufhängen.
5. Für die Soße Dicke Bohnen in kochendem Salzwasser 4 Minuten blanchieren. Abkühlen lassen und die dicke Schale entfernen.
6. Knoblauch schälen und in feine Scheiben schneiden. Estragon abbrausen, trocken schütteln und grob hacken. Olivenöl in einer tiefen Pfanne erhitzen. Knoblauch darin 1 bis 2 Minuten andünsten. Bohnen zugeben kurz mitdünsten. Kräftig mit Salz und Pfeffer würzen. Mit Gemüsebrühe ablöschen. Bandnudeln zugeben und in ca. 3 Minuten al dente kochen. Eventuell mehr Gemüsebrühe zugeben. Zum Schluss Estragon untermischen.
7. Ziegenkäserolle in ca. 0,5 Zentimeter dicke Scheiben schneiden. Nudeln anrichten und mit Ziegenkäse garniert servieren.

NUR NICHT HUDELN MIT DEN NUDELN

REZEPT

Teig kreuzweise einritzen und mit Folie abgedeckt eine halbe Stunde ruhen lassen.

Vierteln und mit dem Nudelholz ausrollen.

Es dauert seine Zeit bis die Bandnudeln mit Blütenfüllung hergestellt sind. Der Teig muss geknetet, mit Blüten belegt und mehrfach ausgerollt werden. Aber es ist nicht schwierig und man kann die Nudeln gut auf Vorrat zubereiten und trocknen. Schön verpackt, sind sie auch ein super Geschenk für liebe Freunde.

Teigplatte in der Nudelmaschine zu einer dünnen Platte verarbeiten.

Blütenblätter abzupfen, beim Borretsch den grünen Kelch entfernen.

Blütenblätter auf der Teigplatte verteilen.

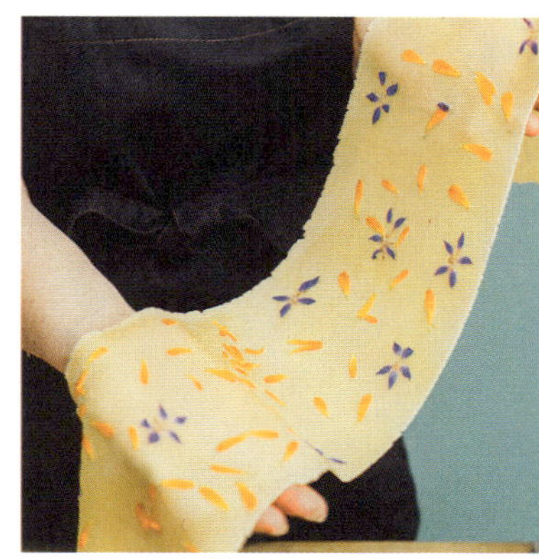

Teigplatte in der Hälfte zusammenklappen, dann halten die Blüten beim Kochen besser.

Erneut die Teigplatte durch die Nudelmaschine drehen.

Teig ziehharmonikaförmig falten.

Teig quer in ca. 1 Zentimeter breite Streifen schneiden.

Über einem Kochlöffelstiel zum Trocknen aufhängen.

DEKO IDEE

TISCHDEKO FÜR DEN ITALIENISCHEN ABEND

Wenn das Essen schon so gut aussieht, wird die Tischdeko fast zur Nebensache. Aber nur fast. Ringelblumen und Borretsch machen nicht nur auf dem Teller eine gute Figur, sie lassen sich auch in der Vase ganz wunderbar kombinieren. Das strahlende Orange der Ringelblume leuchtet noch stärker, wenn es von den tiefblauen, schüchtern nach unten blickenden Borretschblüten umrahmt wird.

Damit die bunten und ein wenig wilden Sträuße optisch zusammengehalten werden, sollten die Vasen aus einer Farbfamilie kommen und aus dem gleichen Material sein. Ich habe mich für Glasvasen in ruhigen Grün- und Blautönen entschieden. Trotz unterschiedlicher Struktur passen sie sehr gut zusammen. Wählen Sie halbhohe Vasen mit einer eher großen Öffnung damit die Blütenstiele locker in alle Richtungen fallen können. Das unterstützt die natürliche Anmutung der Sträuße. Wenn Sie mehrere Sträuße auf dem Tisch verteilen, wirkt es ein bisschen, als hätten Sie sich das Blumenbeet auf den Tisch geholt. Jetzt müssen Sie nur aufpassen, dass die Gäste den Blumenstrauß nicht mit dem Nudelteller verwechseln und die Deko einfach wegessen.

Tipp:
Borretsch kann ganz schön stachelig sein und die Stiele der Ringelblumen sind leicht klebrig. Mit dünnen Handschuhen bleiben die Hände beim Sträußeschneiden sauber und stachelfrei.

KAFFEE OHNE KEKSE IST WIE
KLATSCH OHNE FREUNDIN

REZEPT

SHORTBREAD MIT BLÜTENDEKO

Zutaten für ein großes Blech Shortbread:

Teig:

250 g Butter
125 g feiner Zucker
0,5 TL Salz
500 g Mehl
1 Handvoll Ringelblumenblüten und Fenchelgrün

Außerdem:

Backpapier für das Backblech
Mehl für die Arbeitsfläche
runde Ausstechform Ø ca. 5 cm

In Schottland reicht man Shortbread natürlich zu einer kräftigen Tasse Tee. Es schmeckt aber auch zu Kaffee ganz hervorragend. Für das Rezept gibt es eine Faustregel: 6-4-2. Gemeint ist damit das Verhältnis von Mehl, Butter und Zucker. Wenn man gesalzene Butter verwendet, kann man das zusätzliche Salz weglassen. In seiner Heimat schneidet man Shortbread meistens in rechteckige „Fingers". Ebenfalls üblich sind die kleinen „Rounds", die ich für diese Blütenkekse verwendet habe.

Zubereitung:

1. Backofen auf 150 °C vorheizen. Backblech mit Backpapier belegen. Butter mit Zucker und Salz verrühren. Mehl unter die Butter-Mischung kneten.

2. Blüten ausschütteln und direkt am Stielansatz abknipsen. Fenchelgrün bei Bedarf abbrausen und trocken schütteln.

3. Teig auf bemehlter Arbeitsfläche oder zwischen Klarsichtfolie ca. 1 Zentimeter dick ausrollen (der Teig bricht leicht). Mit einer runden Ausstechform Kreise ausstechen. Alternativ den Teig zu Rollen mit ca. 5 Zentimeter Durchmesser formen und mit einem scharfen Messer in ca. 1 Zentimeter dicke Scheiben schneiden. Die Kekse mit Ringelblumenblüten und Fenchelgrün belegen. Leicht eindrücken.

4. Die Kekse auf das Blech legen und im Backofen bei 150 °C in ca. 20 bis 25 Minuten goldbraun backen. Herausnehmen, abkühlen lassen und vorsichtig vom Blech lösen.

Tipp:
Die gut ausgekühlten Kekse lassen sich in einer luftdichten Dose gut über einen längeren Zeitraum aufbewahren.

DEKO IDEE

TISCHDEKO FÜR DEN KAFFEKLATSCH

Wenn der Tisch für die Dekoration zu klein ist, muss man sich halt etwas anderes ausdenken. Für die süßen Stockvasen brauchen Sie leere Marmeladengläser, schöne stabile Kordel und möglichst gerade gewachsene Stöcke. Am besten funktioniert es mit geraden Gläsern. Gläser mit Rundung lassen sich nicht so leicht mit Kordel an den Stöcken befestigen.

An Stöcken herrscht in meinem Garten kein Mangel. Die großen Obstbäume können es gut verkraften, wenn ich mir ein paar ihrer Zweige abschneide. Wenn ich mal keine passenden Stöcke habe, nehme ich einfach Bambusstangen. Die Löcher für die Stöcke habe ich mit einem Eisenstab vorgeschlagen. Je nachdem wie stabil die Stöcke und wie locker der Boden ist, kann man sie auch einfach so in die Erde drücken. Machen Sie sich keine Sorgen um Ihren Rasen. Dem tut so ein kleines Loch nichts. Es wächst sofort wieder zu sobald der Stock weg ist.

Die Gläser befestigen Sie am besten zu zweit an den Stöcken. Eine Person hält das Gläschen in der richtigen Position, die andere wickelt die Kordel um Stock und Glas. Jetzt nur noch Wasser einfüllen, Sträußchen rein und fertig ist die Deko für den Kaffeeklatsch.

KRÄUTER BLÜTEN

GARTEN TIPP

KRÄUTER IM GARTEN

Kräuter lieben sonnige Standorte. Meine Kräuter wachsen in einer selbst gebauten Kräuterspirale. Dort herrschen perfekte Bedingungen und das auf kleinstem Raum. Alles was man braucht ist ein etwa 2 mal 2 Meter großes vollsonniges Plätzchen und einen großen Haufen Steine.

Der richtige Standort für eine Kräuterspirale

Die wichtigste Voraussetzung für das Gelingen ist die Lage der Kräuterspirale. Achten Sie beim Bau der Spirale auf eine Nord-Süd-Ausrichtung. Also den hohen Teil nach Süden, den niedrigen nach Norden ausrichten.

Kräuterspirale in drei Zonen einteilen

Für optimale Bedingungen sorgt die Unterteilung der Kräuterspirale in verschiedene Zonen: Im oberen Bereich wachsen die wärmeliebenden mediterranen Pflanzen, wie Rosmarin, Lavendel und Salbei. Sie lieben einen leichten, gut durchlässigen Boden. Das kann mit Sand und feinem Kies vermischte Gartenerde sein. Wichtig ist, dass sie sehr wasserdurchlässig sowie eher mager und trocken ist.

An den mediterranen Bereich schließt sich die gemäßigte Zone an, die Basilikum, Koriander und Estragon beherbergen kann. Hier darf die Erde ein bisschen gehaltvoller sein. Sie können einfache Gartenerde oder torffreie Kräutererde aus dem Gartencenter verwenden.

In der sich anschließenden feuchten Zone sollte der Boden humoser, feuchter und nährstoffreicher werden. Ich mische dafür ordentlich Kompost unter die Gartenerde. Im humosen, feuchten Bereich fühlen sich Schnittlauch, Petersilie und der japanische Wasabi sehr wohl.

Das Baumaterial für eine Kräuterspirale

Die Spirale sollte aus Mauersteinen oder aus unbehauenen Natursteinen in Trockenbauweise gebaut werden. In den Fugen und Ritzen können sich dann leicht Pflanzen ansiedeln und Kleintiere verstecken. Meine Kräuterspirale ist etwa 80 Zentimeter hoch. Für die hochragenden Bereiche eignen sich zerbrochene Steine oder Kies als Füllmaterial und Drainage im Inneren der Kräuterspirale. Die Steine für den Bau unserer Kräuterspirale haben wir vom Nachbarn geschenkt bekommen. Oft werden auch online Steine zum Selbstabholen geboten.

Schritt-für-Schritt-Bauanleitung:

- Grundriss auf dem Boden markieren, abstecken, Mutterboden spatentief abgraben
- Grundfläche der Kräuterspirale mit einer Schicht aus Bauschutt oder Kies bedecken
- Steinreihen aufeinander legen – große, breite Steine unten, kleine nach oben, jede Steinreihe direkt mit Erde hinterfüllen, die Mauer sollte eine leichte Neigung nach innen haben, dann ist sie stabiler
- in der Mitte weiteren Bauschutt aufhäufen, dazwischen mit Gartenerde, Sand und Kompost auffüllen, der Sandanteil nimmt mit zunehmender Höhe zu, weiter unten in der Spirale, ist der Anteil von Kompost in der Gartenerde höher
- Miniteich am Fuß der Spirale ausheben, mit Folie auskleiden und mit Teicherde füllen
- mit der Bepflanzung am besten vierzehn Tage warten, da sich die Erde erst noch setzen muss

nicht

REZEPT

LABNEH MIT KRÄUTERBLÜTEN

Zutaten für 4 Portionen:

1 Knoblauchzehe
1 TL Salz
1 kg Joghurt (3,5 % Fett)
1 Handvoll Kräuterblüten und kleine Kräuterblätter

Außerdem:
Mulltücher
Garn zum Zubinden

Im Libanon steht selbst gemachter Käse aus Joghurt fast täglich auf dem Speiseplan. Kein Wunder. Die Herstellung ist kinderleicht und der fertige Käse schmeckt fantastisch. Mit Kräuterblüten kann man ihm ein ganz besonderes Aroma geben.

Zubereitung:

1. Knoblauch schälen und mit dem Salz zusammen zu einer Paste zerdrücken.
2. Joghurt und Knoblauchpaste gut vermischen.
3. Jeweils ein Viertel der Joghurtmasse auf ein Mulltuch geben. Tücher mit Garn zubinden. Mithilfe eines Kochlöffels über einer großen Schüssel ca. 2 bis 4 Tage zum Abtropfen aufhängen.
4. Labneh aus dem Tuch nehmen und mit eingeölten Händen zu kleinen Kugeln formen. Kräuterblüten und Kräuterblätter dekorativ darauf verteilen.

Tipp:
Je länger man den Joghurt abtropfen lässt, desto fester wird das Ergebnis. Nach 24 Stunden erhält man eine cremige Masse, die an Frischkäse erinnert. Nach 2 Tagen lässt er sich gut zu Kugeln formen. Nach 4 Tagen ist er sehr fest und trocken. Zu Kugeln geformt und mit Olivenöl bedeckt, hält sich fester Labneh mehrere Monate.

REZEPT

FOCACCIA MIT KRÄUTERBLÜTEN

Zutaten für eine große Focaccia:

Teig:
400 g Weizenmehl (Type 550)
1 Würfel Hefe
1 TL Zucker
1–2 EL Olivenöl
1 TL Salz

Belag:
30 ml Olivenöl
grobes Meersalz
Kräuterblüten und
kleine Kräuterblätter

Außerdem:
Backpapier

In Italien wird frisch gebackene Focaccia als eigenständiges Gericht gereicht. Ich mag es noch lieber mit säuerlichem Labneh bestrichen. Ein Gedicht an lauen Sommerabenden.

Zubereitung:

1. Mehl in eine große Schüssel geben. Hefe und Zucker in 250 ml lauwarmem Wasser auflösen. Eine Mulde ins Mehl drücken und die aufgelöste Hefe reinschütten. Mit etwas Mehr zu einem zähflüssigen Vorteig verrühren. Mit einem Tuch bedeckt ca. 15 Minuten gehen lassen.

2. Olivenöl und Salz zugeben und alles zu einem eher weichen Teig verarbeiten. Mit einem Tuch abgedeckt ca. 1 Stunde gehen lassen.

3. Backofen auf 230 °C (Ober- und Unterhitze) vorheizen. Teig noch einmal kurz durchkneten und zu einem blechgroßen Fladen formen. Mit den Fingerspitzen Mulden in den Fladen drücken. Mit Blüten und grobem Salz bestreuen. Olivenöl mit 50 ml Wasser verrühren und auf den Fladen tröpfeln. Im Backofen in ca. 20 Minuten goldbraun backen.

WINDLICHTER MIT KRÄUTERKRÄNZCHEN AUS EUKALYPTUS, ROSMARIN UND OLIVENKRAUT HALTEN LÄSTIGE MÜCKEN FERN.

DEKO IDEE

TISCHDEKO FÜR DEN SPIELEABEND

Bei einem Spieleabend ist allzu viel Tischdekoration eher hinderlich. Der Platz auf dem Tisch wird schließlich die meiste Zeit zum Spielen gebraucht. Ich habe die Teller kurzerhand zum Spielfeld umfunktioniert und mit Kreide ein Tic-Tac-Toe-Feld auf die Schieferplatten gemalt.

Dazu ein paar Windlichter mit Kräuterkränzchen, das duftet gut und hält die lästigen Mücken fern. Das Kerzenlicht erwärmt die Luft und die Kräuter verströmen einen aromatischen Geruch. Alles was man dafür braucht, sind ein paar schöne Gläser, kleine Kerzen, dünnen Bindedraht und verschiedene Kräuter.

Kräuterzweige mit Bindedraht zusammenbinden. Solange weitere Kräuterzweige anlegen und umwickeln bis der Glasumfang erreicht ist. Die Enden ebenfalls mit Bindedraht zusammenfügen.

light up
my day

ASTER

GARTEN TIPP

ASTERN IM GARTEN

Im August, wenn viele Stauden so langsam von der Bühne abtreten, bereiten sich die Herbst-Astern gerade auf ihren großen Auftritt vor. Sie rocken die Gartenbühne von September bis zum ersten Frost mit einem wahren Farbfeuerwerk. Die schräg einfallenden Sonnenstrahlen lassen ihre Blüten strahlen. Bienen, Hummeln und andere Insekten freuen sich über den spät gedeckten Tisch.

Für mich sind Astern ein „Must-have" in jedem Garten. Es gibt sie in zahlreichen Wuchsformen von der 15 Zentimeter hohen Kissenaster bis zur 1,60 Meter hohen Staudenaster. In ihrer großen Familie findet sich für jede Beet-Situation die richtige Sorte. Astern mögen einen sonnigen und nährstoffreichen Standort. Staunässe nehmen sie übel, deshalb bei schweren Böden unbedingt reichlich Sand ins Pflanzloch einarbeiten. Werden die Pflanzen alle drei Jahre geteilt, blühen sie zuverlässig Jahr um Jahr.

Bei mir wachsen die hohen, spät blühenden Astern im Beet-Hintergrund. Hier können sie in Ruhe austreiben, während die Sommerstauden im Vordergrund die ganze Aufmerksamkeit auf sich ziehen. Wenn ihre Zeit dann gekommen ist, sind die Sommerblumen verblüht und machen nach einem Rückschnitt Platz für die Stars aus der zweiten Reihe.

Tipp:
Ich lasse die verwelkten Blütenstände der Astern über Winter stehen. Sie bieten Insekten und Vögeln einen reich gedeckten Tisch.

REZEPT

Zutaten für 2 Portionen:

Bowl:
800 ml Hafermilch
200 g Milchreis
100 g Heidelbeeren
100 g Brombeeren
1 Handvoll Asternblüten

Granola:
60 g Nüsse
(Mandeln, Cashew-, Hasel-, Walnüsse)
60 g Kerne
(Kürbis-, Pinien- oder Sonnenblumenkerne)
1 EL Honig
1 EL Kokosfett
0,5 TL Zimt
1 Prise Salz

BUDDHA BOWL MIT MILCHREIS UND NUSS-GRANOLA

Zubereitung:

1. Für die Bowl Hafermilch in einem kleinen Topf zum Kochen bringen. Reis zufügen und kurz aufkochen, Temperatur reduzieren. Reis ca. 25 bis 30 Minuten garen. Unter Rühren auskühlen lassen.
2. Inzwischen Beeren waschen. Für das Granola Nüsse und Kerne grob hacken. Zusammen mit Zimt und Salz in eine Schüssel geben und vermischen. Kokosfett und Honig zugeben. Alles gründlich vermischen.
3. Backofen auf 200 °C (Ober- und Unterhitze) vorheizen. Masse gleichmäßig auf einem mit Backpapier ausgelegten Backblech verteilen. In ca. 10 bis 15 Minuten goldbraun backen. Auf dem Backblech auskühlen lassen.
4. Asternblüten ausschütteln. Blütenblätter abzupfen. Reis auf zwei Schüsseln verteilen. Mit Beeren, Granola und Asternblüten garnieren.

Tipp:
Restliches Granola in einem Vorratsbehälter licht- und luftgeschützt lagern. So hält es sich bis zu zwei Wochen.

SCHNELL NOCHMAL
FARBE TANKEN BEVOR
DER WINTER KOMMT.

DEKO IDEE

TISCHDEKO MIT ASTERN

Viel Platz ist nicht auf dem kleinen grünen Tablett-Tisch. Deshalb wandert die Tischdekoration auf einen runden weißen Beistelltisch. Astern harmonieren wunderbar mit wildem Wein und Hagebutten. Das alles wächst zur gleichen Zeit bei mir im Garten. Damit die langen Ranken in der flachen Glasschale halten, beschwere ich sie mit Kieselsteinen. Die Astern und die Hagebutten kurz abschneiden und einfach dazu stecken. Für den Tisch habe ich noch zwei kleine Serviettensträußchen mit ein paar trockenen Gräsern, Hagebutten und einer Asternblüte gebunden.

DAHLIE

GARTEN TIPP

DAHLIEN IM GARTEN

In meinen Blumenbeeten bleiben immer ein paar Plätze für die farbenprächtigen Dahlien reserviert. Je nach Wetterlage stecke ich die Dahlienknollen zwischen Ende April und Anfang Mai in die Erde. Sie bevorzugen einen sonnigen Standort und einen gut durchlässigen nährstoffreichen Boden. Ich gebe immer eine Handvoll organischen Bio-Dünger in das Pflanzloch, so sind sie übers Jahr gut mit Nährstoffen versorgt.

Schnecken lieben Dahlien fast noch mehr als ich. Die ersten Triebe werden oft abgefressen. Der zweite Austrieb ist meist kräftiger und überlebt. Wer auf Nummer sicher gehen will, zieht die Dahlien ab März in Töpfen vor und pflanzt sie erst aus, wenn sie ca. 10 bis 15 Zentimeter hoch sind.

Dahlien gibt es in wirklich vielen Farben und Formen. Bei mir wachsen überwiegend ungefüllte Sorten, wie die grazilen Honka-Dahlien. Sie bieten Bienen, Hummeln und Schmetterlingen zu einer Zeit Nektar und Pollen, zu der viele andere Sommerblumen bereits nicht mehr blühen.

Kurz vor dem ersten Frost müssen die Dahlienknollen wieder aus der Erde. Sie verbringen den Winter mit etwas feuchtem Sand bedeckt in einem kühlen frostfreien Raum.

REZEPT

SÜSSKARTOFFEL-SUPPE MIT DAHLIENKNOSPEN

Zutaten für 6 Portionen:

1,2 kg Süßkartoffeln
1 Chili
250 ml Kokosmilch
1 EL Curry
1 TL Kardamom
1 TL Kreuzkümmel
Salz, Pfeffer
2 EL Olivenöl
1 Handvoll Dahlienknospen
2 EL Kürbiskerne
¼ TL Chilipulver
1 TL Zucker
1 Zweig koreanischer Koriander
1 paar Blütenblätter

In meiner alten Heimat, der Pfalz, serviert man im Herbst gerne Kartoffelsuppe mit Apfel- oder Zwetschgenkuchen. Ich habe den Klassiker ein wenig abgewandelt.

Zubereitung:

1. Süßkartoffeln schälen und grob würfeln. Chili waschen, Kerne entfernen und grob zerkleinern. Süßkartoffeln und Chili knapp mit Wasser bedeckt zum Kochen bringen und ca. 10 bis 15 Minuten garen. Kokosmilch zugeben und mit einem Pürierstab pürieren. Mit Curry, Kardamom, Kreuzkümmel, Salz und Pfeffer kräftig abschmecken.

2. Olivenöl in einer Pfanne erhitzen. Dahlienknospen darin ca. 2 Minuten andünsten. Kürbiskerne, Chilipulver und Zucker zugeben und unter Rühren leicht karamellisieren lassen.

3. Suppe in Schalen füllen. Mit Knospen, Kürbiskernen, Koriander und Blütenblättern dekoriert servieren.

REZEPT

KLEINE APFELTARTES MIT DAHLIENBLÜTEN

Zutaten für 6 Tartes Ø 9 cm:

Teig:
200 g Mehl
100 g Butter
Salz
2 EL Zucker
50–75 ml Wasser

Belag:
2–3 rotschalige Äpfel
1–2 EL Zitronensaft
1 paar Blütenblätter

Außerdem:
6 Tarteformen Ø 9 cm
Butter für die Formen

Zubereitung:

1. Für den Teig Mehl, Butter, Salz und Zucker miteinander verkneten, sodass kleine Krümel entstehen. Soviel Wasser unterkneten bis es einen homogenen Teig ergibt.

2. Tarteformen ausbuttern. Teig in 6 gleich große Teile teilen und mit den Händen zu Kreisen drücken. Kreise in die Tarteformen legen und Rand formen.

3. Backofen auf 200 °C (Ober-und Unterhitze) vorheizen. Äpfel waschen, vierteln, Kerngehäuse entfernen und in hauchdünne Scheiben schneiden. Direkt mit Zitronensaft beträufeln.

4. Apfelscheiben rosettenförmig auf den Teig schichten. Im Backofen bei 200 °C Umluft in ca. 20 Minuten goldbraun backen. Mit Blütenblättern dekoriert servieren.

LACHSROSA, BLUTROT,
LILA GEFLAMMT –
DAHLIEN GIBT ES IN VIELEN
WUNDERSCHÖNEN FARBEN

DEKO IDEE

DEKO IDEE

TISCHDEKO FÜR DIE HERBSTFEIER

Ich liebe die kräftigen Farben der Dahlien, sie leuchten mit der orangen Süßkartoffelsuppe und den Apfeltörtchen um die Wette. Für den herbstlichen Tisch habe ich auf große Sträuße verzichtet und lieber einzelne Blüten in alten silbernen Eisbechern und silbernen Vasen und Schälchen verteilt. Das alte Silber verstärkt die Leuchtkraft der Blüten und ergibt einen wunderschönen Kontrast zu dem groben Paletten-Tisch. Dazu noch farblich passende Stoffservietten und schwere Weingläser, fertig ist der Tisch für die Herbstfeier.

Eisbecher, Vasen und Schälchen sind alles Flohmarktfunde. Die alten Eisbecher erinnern mich an die Eiscafé-Besuche in meiner Kindheit. Da wurde das kleine gemischte Eis in gut gekühlten Metallbechern serviert, damit es nicht so schnell wegschmilzt. Bronze- oder goldfarbene Gefäße haben übrigens den gleichen Effekt. Wenn Sie nicht genügend von einer Sorte haben, können Sie auch wild mischen. Die üppigen Dahlienblüten halten die verschiedenen Metallfarben zusammen.

Tipp:
Wenn die Dahlien in meinem Garten nicht üppig genug blühen, pflücke ich mir einfach welche auf einem Schnittblumenfeld. Macht viel mehr Spaß als einfach einen fertigen Strauß zu kaufen.

ANJA KLEIN

Die Frau der schönen Worte. Optimistisch, neugierig, zielstrebig. Trinkt gerne sehr teuren grünen Tee. Kann keinen Gartenmarkt ohne Neuanschaffung verlassen.

LEBENSMOTTO „YOU CAN FIND ME IF YOU WANT ME IN THE GARDEN."

Die Liebe zum Gärtnern wurde mir bereits in die Wiege gelegt. Jahrelang konnte ich meine Leidenschaft nur auf Fensterbänken, Balkonen und in Hinterhöfen ausleben. Bis ich heimlich (!), still und leise einen Schrebergarten gepachtet und mich kopfüber ins Gärtnerleben gestürzt habe. Eine wunderbare Entscheidung. Inzwischen verdiene ich meine Brötchen als freie Autorin für Food-, Garten- und Reisethemen und könnte nicht glücklicher sein.

ANDREAS LAUERMANN

Der Mann mit dem besonderen Blick. Geduldig, freundlich, diplomatisch. Genießt seinen Kaffee gerne sehr heiß. Immer auf der Suche nach Brille, Schlüssel und guten Motiven.

LEBENSMOTTO „THE BEST IS YET TO COME."

Wenn ich mit der Kamera im Garten stehe, kann ich selbst kaum glauben, dass ich als Fotograf jahrelang eine Schwäche für Industriegebiete, Betonmauern und Häuserschluchten hatte. Aber der Gartenbegeisterung meiner Frau, konnte (und wollte) ich auf Dauer nicht widerstehen. Nach dem ersten Schock als frisch gebackener Schrebergartenbesitzer bin ich recht schnell dem Gartenvirus verfallen und richte meine Kamera seitdem am liebsten auf alles was wächst.

VIELEN DANK FÜR DIE BLUMEN!

Wir möchten uns bei all den großartigen Menschen, die uns auf dem Weg zu diesem Buch unterstützt haben, ganz herzlich bedanken. Da wäre an erster Stelle Hella Henckel von BLOOM's, vielen Dank für den großen Strauß Vorschusslorbeeren, die Zusammenarbeit mit ihr war ein Fest. Ein dickes Dankeschön auch an Julia Benning für die grafische Gestaltung. Wir haben uns sofort in ihre wunderschönen kapiteleinleitenden Blumenaquarelle verliebt. Dem niederländischen Design-Label HK Living danken wir für die Ausstattung mit Tellern, Schalen und Schüsseln, wir hätten die guten Stücke am liebsten allesamt behalten. Bei Gisela Elberding bedanken wir uns für die Kamelienblüten und bei unserer Gartennachbarin Claudia für die Magnolienblüten, beide haben sehr lecker geschmeckt. Ein letztes großes Dankeschön geht an die vielen helping hands, die geduldig ihre Hände und manchmal auch ihre Nasen ins Bild gehalten haben: Carla, Ezra, Caspar, Lena, Roman, Kira, Jasper, Rula, Anette und Peter. Vielen Dank, Ihr Lieben, wir hatten sehr viel Spaß mit Euch.

Anja Klein und Andreas Lauermann

IMPRESSUM

Herausgeber BLOOM's GmbH, Ratingen (D)
Idee und Konzeption Anja Klein, Hella Henckel
Rezepte, Kochen, Texte Anja Klein
Redaktion Hella Henckel (vwtl.)
Fotos Andreas Lauermann
Grafikdesign Julia Benning
DTP Britta Baschen
Druck Westermann Druck GmbH, Zwickau (D)

BLOOM's MEDIENMARKETINGEVENTS

Am Potekamp 6, 40885 Ratingen
T 02102 9644-0, F 02102 896073
E-Mail: info@blooms.de
Internet: www.blooms.de
1. Auflage 2019
ISBN: 978-3-945429-36-5